漫画名人故事

文艺复兴全才

达·芬奇

[法] 马尔万·凯希尔 著　　[意] 阿里尔·维托里 绘　　惠 娟 译

浙江人民出版社

图书在版编目（CIP）数据

文艺复兴全才达·芬奇 /（法）马尔万·凯希尔著；（意）
阿里尔·维托里绘；惠娟译 . — 杭州：浙江人民出版社，
2021.12

（漫画名人故事）

ISBN 978-7-213-10222-6

Ⅰ .①文⋯　Ⅱ .①马⋯ ②阿⋯ ③惠⋯　Ⅲ .①达·芬
奇（Leonardo，da Vinci 1452—1519）—生平事迹—少儿读
物　Ⅳ .① K835.465.72-49

中国版本图书馆 CIP 数据核字（2021）第 139693 号

浙江省版权局
著作权合同登记章
图字：11-2020-484 号

Script by Marwan Kahil, art by Ariel Vittori
© Blue Lotus Prod, Paris, 2019 (www.21g.fr)

漫画名人故事

文艺复兴全才达·芬奇

[法] 马尔万·凯希尔　著　　　[意] 阿里尔·维托里　绘　　　惠 娟　译

出版发行：浙江人民出版社（杭州市体育场路 347 号　邮编　310006）
　　　　　市场部电话：（0571）85061682　85176516
责任编辑：方　程
营销编辑：陈雯怡　赵　娜　陈芊如
责任校对：杨　帆
责任印务：刘彭年
封面设计：黄怡祯　陈威伸
电脑制版：北京弘文励志文化传播有限公司
印　　刷：杭州丰源印刷有限公司
开　　本：787 毫米 ×1092 毫米　1/16　　　　印　　张：8.5
字　　数：110 千字　　　　　　　　　　　　插　　页：2
版　　次：2021 年 12 月第 1 版　　　　　　印　　次：2021 年 12 月第 1 次印刷
书　　号：ISBN 978-7-213-10222-6
定　　价：58.00 元

如发现印装质量问题，影响阅读，请与市场部联系调换。

列奥纳多·达·芬奇是谁？他是一个拥有超前智慧和好奇心的自学成才者，还是千年一遇的奇才呢？他是一个典型的怪才，还是一位极富创造力、孜孜不倦的学者呢？他是金字塔顶端的艺术家，还是博学的全才呢？

说起达·芬奇，人们一定会想起《蒙娜丽莎》的画像。他首先是人文主义者，甚至有可能是第一个意识到可以打破时代观念束缚的人。他是在无限的知识中第一个不自我设限的人。他热爱观察自然并试图去理解自然，他就像河水一样，不可捉摸、深不可测，有时也像伟大的探险家勇于穿越广阔的海洋。他就像意大利佛罗伦萨的亚美利哥·韦斯普奇，第一次在世界地图中标明美洲新大陆的位置。

对所有人来说，达·芬奇是一个神秘的人。他有明显的缺点，他的脸庞因背叛和抛弃而变得消瘦。他不停地逃离、找寻，但时常一无所获。也许，这就是他成就自己的力量所在。

对博学天才列奥纳多·达·芬奇而言，与其简单地用才华或《蒙娜丽莎》的成功来定义他，不如揭开历史的层层迷雾，学会重新认识他。

根据最新发现，达·芬奇可能是中东一位仆人的儿子。他与国王相熟，并与当时最具才华的人士来往密切。对达·芬奇才华的肯定，意味着西方人文主义时代的到来。几个世纪以来，他以其旺盛的好奇心，不断为我们注入活力，令人惊叹不已。

本书作者既不是历史学家，也不是传记作家，仅仅是个故事的讲述者。这本书是他站在科学家与学者的肩膀上，与插画师合作的基础上完成的。旨在描述事实、呈现联系、讲解说明，更希望能触动人心。

马尔万·凯希尔

2019 年 1 月

列奥纳多·达·芬奇作品

本书中提及的一些作品摘要

作坊工作节奏下的佛罗伦萨与托斯卡纳

安德烈·德尔·韦罗基奥为瓦隆布罗萨镇的圣萨尔维修道院教堂画了一幅《基督受洗》。这幅画完整地描绘了施洗约翰和基督在约旦河岸洗礼的场景。象征圣灵的鸽子飞来，迸发出一道光。在作坊或画室，一幅作品由几个人共同完成是很正常的事。因此，奉老师韦罗基奥之命，年轻的达·芬奇在画面左侧添上了一个非常生动的天使。此外，他还润饰了基督的身体结构以及画中的风景。这是达·芬奇最早的作品之一，当时他刚满 20 岁，也是他第一幅令人震撼的名作。

1550 年，乔尔乔·瓦萨里（1511—1574 年，文艺复兴时期著名画家、建筑家和艺术史家）在其托斯卡纳语著作《艺苑名人传》中提到了这个天使："虽然列奥纳多很年轻，但他画的天使已经超越了韦罗基奥。因此，韦罗基奥决定再也不碰画笔了。"

《基督受洗》（作于 1472—1475 年）
木板蛋彩画
高：177 厘米，宽：151 厘米
佛罗伦萨乌菲齐美术馆藏（意大利）。

镀金铜球
直径：230 厘米，重量：18 吨
1471 年 5 月 27 日，在年轻的达·芬奇的协助下，
镀金铜球被安放在了大教堂圆顶的塔顶上。

荣耀的穹顶，永恒的球体

菲利波·布鲁内莱斯基是佛罗伦萨花之圣母大教堂穹顶的设计者，该教堂建于 1420 年至 1436 年间。教堂圆顶作为意大利文艺复兴时期的象征，其顶部安装了安德烈·德尔·韦罗基奥工坊制作的镀金铜球。我们知道，年轻的达·芬奇可能凭借着其非凡的创造力和精确的制图技术协助了这次安装工作。佛罗伦萨是当时的世界文化之都。

1492 年 4 月 5 日，"伟大的洛伦佐"（文艺复兴时期佛罗伦萨的实际统治者）去世前三天，球体被雷电击中。1601 年 1 月 27 日，球体再次被雷电击中，并被击落。1602 年，马泰奥·曼内蒂修复了铜球，但他拒绝收取报酬。如今，铜球仍庄严地屹立在那里，并一直守护着托斯卡纳的首府（即佛罗伦萨）。

《安吉亚里之战》（作于 1504—1506 年）

隐藏壁画

高：700 厘米，宽：1700 厘米

佛罗伦萨旧宫五百人大厅藏（意大利）。

未竟之作……

达·芬奇是个天才，但他性格犹豫不决，同时还有其他的缺点。他是一个热爱生活、享受生活的人，喜欢观察自然，享受当下乐趣。这或许预示着一种完美主义倾向，他对委托订单式的创作主题非常厌倦；又或者是他觉得自己真正的价值没有被认可而产生了失望情绪，这让他不遵守承诺，导致很多作品半途而废。

在佛罗伦萨，那封对达·芬奇犯有风化罪的举报信件，最终让他做出离开这座城市的决定。在离开之前，他开始去完成那些半途而废的作品。

多年以后，达·芬奇重回佛罗伦萨的时候，他被剥夺了继承权，并且负债累累。这时，他受马基雅维利和议会的委托，开始在领主宫中创作《安吉亚里之战》。

这是一幅不朽的壁画，借助现代技术，我们发现这幅壁画在几个世纪以来一直隐藏在乔尔乔·瓦萨里的另一幅壁画作品背后。

1603 年，鲁本斯受到达·芬奇的启发，绘制了摹本，目前收藏于卢浮宫。

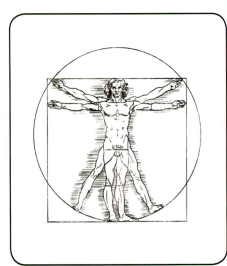

《达·芬奇自画像》

《殉道者圣塞巴斯蒂安》

《维特鲁威人》

标志性素描作品

《维特鲁威人》和《达·芬奇自画像》是最为公众所熟知的两幅珍贵作品。由钢笔和墨水绘制的《维特鲁威人》创作于1490年左右，现藏于威尼斯学院美术馆，被印在意大利发行的1欧元硬币上。

第二幅是达·芬奇在晚年创作的一幅自画像，这幅红粉笔肖像画现保存于都灵皇家图书馆。

最新发现的《殉道者圣塞巴斯蒂安》，惟妙惟肖地描绘了人物的虚弱和痛苦。这幅画于2016年在巴黎一位私人收藏者家中被发现，并被列为"国宝"。创作时间可以追溯到佛罗伦萨时代末期，也就是1478年至1483年之间（可能是在达·芬奇被匿名举报信事件之后，前往米兰之前）。

《抱银鼠的女子》（作于1488—1490年）

木板油画

高：54厘米，宽：39厘米

克拉科夫国家博物馆藏（波兰）。

这幅画是根据叙述需要而重新绘制的，与原画中塞西莉亚的目光朝向左边不同。

《美丽的费隆妮叶夫人》（作于1495—1497年）

木板油画

高：62厘米，宽：44厘米

阿布扎比卢浮宫分馆藏（阿拉伯联合酋长国）。

米兰，盛行豪华派对

当所有艺术家都前往罗马时，达·芬奇考虑到伟大的洛伦佐想要与斯福尔扎家族（文艺复兴时期以米兰为中心的统治家族）保持和平共处的意图，决定前往米兰。因此，他在致未来的米兰公爵——卢多维科的一封信中炫耀了一番自己的军事工程技术专长。

实际上，卢多维科也雇用了达·芬奇担任"盛大演出庆典司仪官"，而达·芬奇对此也尽职尽责。

达·芬奇在米兰度过了创作的高峰期，他的《岩间圣母》获得了相当的成功，尤其是两幅公爵情妇的肖像画展现了他天才般的绘画技巧。这两幅画因其所传达的情感和现代性而具有革命性的意义。

也是在米兰，达·芬奇完成了一个真马大小的马匹模型，用作弗朗切斯科·斯福尔扎家族制作巨型雕塑的原型。尽管该模型被路易十二的弓弩手摧毁，但在1999年，两匹铜马雕塑根据达·芬奇的素描被复原，分别置于意大利的米兰和美国的密歇根州大急流城。

《最后的晚餐》（作于 1495—1498 年）
壁画
高：460 厘米，宽：880 厘米
圣玛丽亚感恩教堂藏（意大利米兰）。

《圣母子与圣安妮》（作于 1503—1519 年）
木板油画
高：168 厘米，宽：160 厘米
卢浮宫博物馆藏（法国巴黎）。
这是卢浮宫博物馆于 2012 年修复的达·芬奇
的杰作。达·芬奇的童年时代是与亲生母亲卡
特琳娜和年轻的继母阿尔比拉共同度过的。我
们是否能从该画中看到达·芬奇对自己童年经
历的暗示？

语言的情感和意义

    圣玛丽亚感恩教堂餐厅的著名壁画蕴含着另一种情感，奠定了该画作的传奇色彩。《最后的
晚餐》代表耶稣的最后一餐，达·芬奇故意选择描绘耶稣向使徒们预言背叛的瞬间。

    这一选择震惊了世界，并引起了同时代人的钦佩。为什么要描绘这一瞬间？画中是否映射出
他自己的故事？他仍然对举报信事件无法释怀吗？

    斯福尔扎家族对他的认可是首屈一指的。对于带着强烈的悲伤离开佛罗伦萨的达·芬奇来说，
这是一次很好的复仇机会——佛罗伦萨的局势正动荡不安。

《手稿册》汇集了达·芬奇于1482年至1519年间的绘画、解剖学、建筑学、机械、怪诞画、研究素描和文字作品，是达·芬奇的学生兼助手弗朗切斯科·梅尔齐根据达·芬奇生前约15000页手稿，进行整理和分类而形成的。

在这些素描中，《维特鲁威人》本身就是文艺复兴和达·芬奇天才的象征。如今，现存的手稿仅剩下一半，并保存在全球几大知名博物馆或图书馆中。

"上天有时将美丽、优雅、才能赋予一人之身，令他超群绝伦。"乔尔乔·瓦萨里在《艺苑名人传》中提到达·芬奇时这样说。

《施洗者圣约翰》（作于1513—1516年）
木板油画
高：69厘米，宽：57厘米
卢浮宫博物馆藏（法国巴黎）。

不管怎样，多年后，达·芬奇在《圣母子与圣安妮》中重现了一幅祭坛画。画中圣婴站在悬崖边，他抓住了羊羔脖子……虚弱无力，注定要受难，这是达·芬奇命运的折射。圣母、圣安妮、圣婴和羔羊处于一个稳固的三角结构中，耶稣脚下的悬崖使整个构图得以维持平衡，如果没有了悬崖，稳定性也就受到了破坏。

在当时，这是一幅大胆而令人震撼的作品，定格于生死之间。画家描绘了一种亘古不变的气息，流露出一种人文主义色彩，一种《蒙娜丽莎》般的催眠力量。

《施洗者圣约翰》是一幅正面肖像画，它展现出一种与众不同的，从内而出的，甚至是神秘的姿态。达·芬奇在画中展现出一种螺旋形的效果。整个画面由阴暗过渡到光亮，施洗者圣约翰目光犀利，面对黑暗，在神圣的光明中宣告真理。这幅画的模特正是萨莱（达·芬奇的徒弟）本人。

达·芬奇痴迷于画中人物的神秘气息，对其难舍难分。然而，1503年，当他开始为弗朗切斯·德尔·焦孔多的妻子绘制肖像时，远未料到该作品将成为人类最著名的杰作之一。是否是萨莱代替了蒙娜丽莎成为模特才使达·芬奇得以完成画作？这仍属未解之谜。只有一件事是确定的，该作品是最早描绘女人微笑的肖像画之一。这也是该作品带来的诸多革命性突破之一。

《蒙娜丽莎》（作于1503—1507年）
木板油画
高：77，宽：53厘米
卢浮宫博物馆藏（法国巴黎）。

《三博士来朝》（约 1481 年）
木板油画
高：246 厘米，宽：243 厘米
乌菲兹美术馆藏（意大利佛罗伦萨）。

《圣哲罗姆》（约 1483 年）
木板油画
高：103 厘米，宽：75 厘米
梵蒂冈博物馆藏（梵蒂冈）。

现存主要手稿集：
《大西洋古抄本》，米兰图书馆藏（意大利）
《温莎手稿》，温莎皇家图书馆藏（英国）
《阿伦德尔手稿》，伦敦大英图书馆藏（英国）
《福斯特手稿》，伦敦维多利亚和阿尔伯特博物馆藏（英国）
《鸟类飞行手稿》，都灵皇家图书馆藏（意大利）

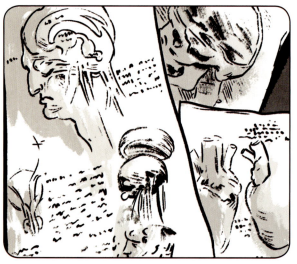

《提福兹欧手稿》，
米兰斯福尔扎城堡藏（意大利）
《莱斯特手稿》，
比尔·盖茨私人收藏（美国西雅图）
《马德里手稿》，
西班牙国家图书馆藏（西班牙马德里）
《法兰西手稿》，
法兰西学院藏（法国巴黎）

　　文艺复兴使伟大的画家与世界上其他领域的大师们获得了平等的地位。

　　　　　　　　　　——贡扎格·圣布里（法国历史畅销书作家）

　　在智者眼中，一切无所遁形。

　　　　　　　——菲利波·布鲁内莱斯基（意大利早期文艺复兴建筑师）

　　《蒙娜丽莎》是我最喜欢的画作之一。比起列奥纳多·达·芬奇花费了五年时间作画，我花了更多时间去爱它。我花了二十多年时间爱上这幅画。我说的是真正的爱，不仅仅是欣赏。今天，对我来说，这是世界上最美的画作之一。这是一幅引发人们最热烈讨论的画作之一，从爱他的人到为之疯狂的人，这表明它能够触动人心。

　　　　　　　　　　　　——丹尼尔·阿拉斯（法国艺术史家）

主要人物

年轻时的达·芬奇

萨 莱

（约1480—1524年）

萨莱与达·芬奇在米兰相遇，在其年幼时就开始为达·芬奇效劳，之后自己也成了一名画师。萨莱出身低微，他以兼具男性和女性的美而为人所知，成为《施洗者圣约翰》一画的模特。后来，在一次决斗中死去。

教皇利奥十世

（1475—1521年）

利奥十世是洛伦佐·德·美第奇的次子。他出生于乔凡尼·德·美第奇家族，是一位杰出的艺术保护者，尤其关注拉斐尔的作品。他表面看起来慷慨，实则是个专制独裁的人。罗马教皇奢靡的派对和放纵的生活方式影响了自己的统治，也让他不得不直面路德（宗教改革家）日益增长的影响力。

安德烈·德尔·韦罗基奥

（约 1435—1488 年）

韦罗基奥是佛罗伦萨最出色的工匠之一，他的作坊云集了当时最伟大的艺术家。受马可·奥勒留雕像的启发，他为威尼斯创作了一座壮观的骑马雕像。后来，当达·芬奇受"摩尔人"卢多维科之托制作一座骑马雕像时，他因时常想起老师韦罗基奥而感怀，导致这座雕像永远没有完成。

弗朗切斯科·梅尔齐

（约 1491—1570 年）

他出身于米兰贵族，作为达·芬奇的弟子、画家，致力于保护达·芬奇的艺术和科学遗产。达·芬奇去世后，他带着大师宝贵的手稿离开了法国，回到了意大利瓦普廖达达的家。

弗朗索瓦一世

（1494—1547 年）

弗朗索瓦一世是法国年轻的国王，马里尼昂战役的获胜者，他将意大利的文艺复兴带到了法国。在与查理五世的争霸中，他建立了第一座皇家图书馆。他是一位出色的战略家，搅动了整个欧洲大陆的局势，开创了君主专制的先河。

卢多维科·斯福尔扎

（1494—1500 年）

卢多维科是一位令人生畏的战士，一个热爱和平的人。绰号"摩尔人"的卢多维科是米兰公爵，也是佛罗伦萨美第奇家族的对手。他是一个铁腕人物，抵制法国人的影响力。他与国王弗朗索瓦一世一样，都成为达·芬奇的主要赞助人。

米开朗基罗

（1475—1564 年）

米开朗基罗的雕塑作品《大卫》和《哀悼基督》无疑是文艺复兴时期的天才作品。他最杰出的作品是西斯廷教堂的穹顶画。米开朗基罗祷告时与上帝以"你"相称。他是佛罗伦萨和罗马教廷权贵们挚爱的艺术家。由于与萨莱的亲密关系，他同达·芬奇交恶。

桑德罗·波提切利

（1445—1510 年）

波提切利是《维纳斯的诞生》的作者。他是弗拉·菲利波·利比的弟子，人文主义和新柏拉图主义捍卫者马尔西利奥·费奇诺的朋友，他本人也是文艺复兴美学的代表画家。他的很多作品在"虚荣之火"事件中被萨沃纳罗烧毁。他要求死后埋葬在缪斯女神——美丽的西蒙内塔·韦斯普奇的脚下，毫无疑问，他与西蒙内塔的情人朱利亚诺一样爱她。

尼科洛·马基雅维利

（1469—1527 年）

马基雅维利是一位出色的战略家、政治家、哲学家和思想家，他以"为达目的而可以不择手段"为原则。作为《君主论》的作者，他一直试图吸引美第奇家族的注意，也很欣赏切萨雷·波吉亚。位于巴黎市中心的巴黎政治学院，其校徽上的狮子和狐狸标志的灵感便来自马基雅维利对狮子和狐狸的比喻。

西蒙内塔·韦斯普奇和朱利亚诺·德·美第奇

（约 1453—1476 年）和（约 1453—1478 年）

意大利文艺复兴时期的传奇情侣。两人在相隔两年的同一天去世。西蒙内塔是亚美利哥·韦斯普奇的表姐，朱利亚诺是伟大的洛伦佐的弟弟。洛伦佐是美第奇王朝的继承人，文艺复兴时期重要的赞助人。

1515 年，罗马

萨莱，你在吗？

第一部分

不寻常的年轻人

1452 年 4 月 15 日，芬奇镇附近的安琪诺村

但是，其他男孩一直说我是个私生子，还说我从不学拉丁语，是个无能的人。

闭嘴，列奥纳多！爷爷已经跟你说过，你是我们的孩子，你是芬奇家的人！

好吧，弗朗切斯科叔叔。

盾牌上的画画得怎么样了？

孩子别听他们的，这些人头脑简单又迷信……

死亡是生命的一部分。

"任凭死人去埋葬他们的死人吧"①……不要哭泣，你应该相信生活……

……列奥纳多，别再哭泣……

……尤其是在佛罗伦萨，他们不会给你任何机会的！

① 《圣经》耶稣语。——译者注

佛罗伦萨是世界上最美丽的城市，但是，相信我，这也可能是最残酷的城市！

"咚咚"

你儿子运气不错，这里几个月后就有位置了。

我真开心，安德烈。

桑德罗取代了我的一个学徒，但他能待多久呢？他太抢手了……

桑德罗·波提切利？弗拉·菲利波·利比那个著名的学生吗？

是的，就是伟大的弗拉·菲利波·利比·德尔·卡尔米内！

桑德罗帮我做些金银饰品和青铜铸造的工作。

我想，桑德罗想要开自己的作坊，弗拉·菲利波身体不适，他想接手。

给我三四年时间，列奥纳多将被列入画家名录中。

四年？！？

他得观察和学习……我要把他留在这里。

皮耶罗，你儿子是个漂亮的孩子，

非常漂亮……拥有完美的比例。

洛伦佐·德·美第奇委托我铸造一尊大卫雕像，他会是理想的模特。

尽管我们的"大卫"还是个孩子，但他已经具备了王者风范，我相信洛伦佐·德·美第奇会满意的。

太神奇了，老师！

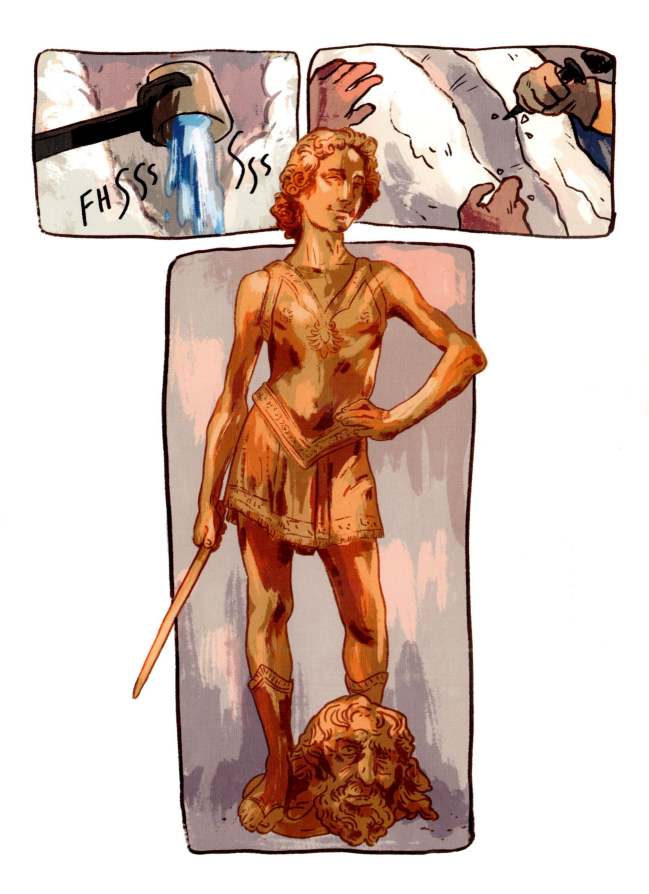

啪……啪……

芬奇大师，教皇陛下想跟您谈谈。

别碰我，我可以自己起来。

你知道你为什么会被带到这里吗？你被指控使用巫术解剖一个死去的女人！还是一个孕妇……你这个可怜的疯子！

教皇陛下，他们这是诽谤，我的研究得到了支持……

得到了谁的支持？你欠我们美第奇家族一条人命。你的赞助人都背叛了你，战争压垮了他们……

很多人已经死去了，他们的尸体比你还没解剖完的孕妇尸体还要冷……

就你与切萨雷·波吉亚和尼科洛·马基雅维利的关系，你现在应该为你还能活着感到高兴。

弗朗切斯科，
我的笔记……

不能再等了！

弗朗切斯科，
你要去哪儿？

我……我很
快就回来。

萨莱！！
快……

什么？怎
么了……

快！快把那些画稿藏起来！

什么画稿？一边待着去，我忙着呢……

这个老疯子又在搞什么？

萨莱，你这个自私的家伙……得快点把不重要的画稿放在显眼的地方……

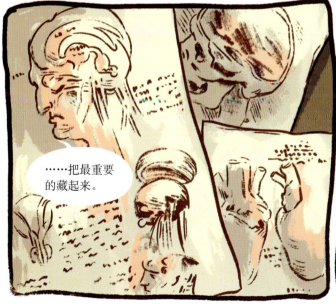

……把最重要的藏起来。

砰！砰！砰！快点开门！

他们走了吗？

走了……你可以出来了，感谢上天，这是个奇迹。

列奥纳多，住手！！！你会烧到自己的！

你说什么奇迹？这是场真正的灾难！

冷静点，他们只烧了一些零散的复制品。

弗朗切斯科已经把你真正的作品藏起来了。

做得好！但我们得尽快离开罗马。我相信你能搞定这一切……

第二部分

佛罗伦萨最帅的男子

起来！你又出去玩了一夜！

怎么了？

别问了，赶快穿好衣服！

别忘了你的球体结构研究图……你在现场得需要这个。

列奥纳多仍然很受欢迎……

很惊讶吗？他是最受欢迎的……

啊，列奥纳多，你终于来了！别告诉我你在睡觉，我们有那么多事情要做！

呃……没有，老师……我……我已经完成了几张您布置的基础素描……

我们必须做到精确，工人必须要了解机器如何运转，以及如何恰当安装这个球体。这项操作很精细，这些该死的工头没有一点数学头脑……再犯一个错误，这个工地就废了！

这是素描……我还另外带了一个模型来辅助讲解……

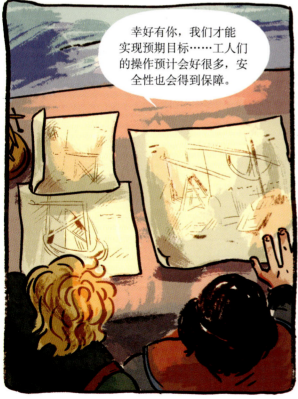

画得太棒了！我告诉过你父亲，我会教你些东西……

但事实是，我没有什么可以教你的了。列奥纳多，你给了我最珍贵的礼物。

是一个最优秀的学生能给他的老师带来的礼物……

咔嚓

你拥有的天赋完全超越了我！

没有我，你也会完成画作的。

但是……

我决定，未来永远不会再画画了。

但是，老师……

我不想再听到你说这样的话了。我会尽快处理你在佛罗伦萨画家协会注册的事。

我都听到了。很显然，韦罗基奥非常欣赏你这个小私生子的神秘才华。

你再说一遍试试？

列奥纳多，对不起……我不……我求你了……哎呀！

啊啊啊啊！

维琴佐，回到你妈身边哭吧，真为你感到可悲……

像你这样无能的人，永远不会对我有任何帮助……

饶了我吧，列奥纳多……

……看你满头是汗，卑鄙恐惧的样子，我本来还想饶了你！

看看谁来了！

桑德罗，你吓我一跳！

我还以为是个小偷来偷钱包，还要把我们扔进水里呢。

哈哈哈哈！是列奥纳多的《圣母领报》偷走了我的灵魂！

桑德罗，你太夸张了。

哈哈哈！真是见鬼，他竟要从我的《圣母领报》汲取灵感，来画一幅更精湛的作品？！

桑德罗，别怪他，这是我给他的建议。

我们要去哪儿？我听说朱利亚诺·德·美第奇家有个派对……

列奥纳多，你对佛罗伦萨的夜生活了如指掌！

我们要去的就是美第奇家……我们一定能见到美丽的西蒙内塔·韦斯普奇……

055

朱利亚诺，整个佛罗伦萨都在谈论你今晚要组织的派对。你哥哥会来吗？

不，伟大的洛伦佐有更重要的事情要处理，他不会来的，现在国事才是他的当务之急。

美丽的西蒙内塔……朱利亚诺……请允许我向你们介绍我年轻的朋友列奥纳多……

跟我们一样，他也是纯正的托斯卡纳人，来自芬奇镇！

桑德罗，久闻大名。有人甚至说他是佛罗伦萨最帅的小伙之一……

他们说得好像没错……

是我的朋友们，保琳……去花园玩吧。我们韦斯普奇家族的好奇心真是到骨子里去了！

西蒙内塔姨妈，这些人是谁啊？

你要在今晚的派对上扮演哪位古代英雄？

英雄？不，不是英雄，而是神！当然是战神玛尔斯了……

……我呢，我是维纳斯！

我们早就猜到了！西蒙内塔·韦斯普奇，你美得如同女神转世……

……你是阿斯塔蒂、阿佛洛狄忒、伊丝塔……亲爱的，对我来说，你就是一切。

帅气的列奥纳多是不是正在和你的表弟跳舞？

感觉他们早就认识了……

各有所好，西蒙内塔，而且……

立即停止音乐！！

但……

你们竟敢？

咚咚咚

朱利亚诺，很抱歉，但我有命令在身，这是法律规定……有人在鼓形容器中投入一封举报信。

举报信？

举报什么？

这位年轻的艺术家，列奥纳多，还有他的几位朋友……

是什么原因呢？谁会相信一个鼓说的话呢！？！

桑德罗，冷静点，他们肯定是诽谤，为了抹黑我和美第奇家族的名声！朱利亚诺，你得做点什么！

放开我！

安德烈，时代太复杂，我今天也无能为力了，但一旦洛伦佐回来，我会告诉他的。

……放开我！桑德罗！韦罗基奥老师！！！

你怎么不哭？我以为你是个艺术家！艺术家难道不都是情感细腻的吗？

哈哈哈哈！！！你这只肮脏的老鼠，你断奶了吗！哈哈哈哈！

老鼠？但有时单单一只老鼠……

……比整个人类都更有价值。

1478年，佛罗伦萨，桑德罗·波提切利工作室

西蒙内塔离开我们已经两年了。她那么年轻！好像一直活在那个春天……她是如此与众不同……是我们现代的贝缇丽彩①……

老师，太可怕了！！

什么？怎么了？跟列奥纳多有关吗？

不，不……是朱利亚诺·德·美第奇……他被杀了！

见鬼！！！朱利亚诺……不可能……什么时候？为什么被杀了？

在教堂中心，正在举行弥撒的时候，帕齐家族②发动了针对美第奇家族的阴谋……

我不敢相信……朱利亚诺……我的朋友……

①贝缇丽彩·波尔蒂纳（1265—1290年）是但丁的初恋女神，其诗歌的创作灵感来源。——译者注
②帕齐家族是托斯卡纳的一个贵族家族。——译者注

哎，命运如此荒谬……西蒙内塔·韦斯普奇去世两年后朱利亚诺也离开了我们……生死之神让你们永久地团聚了，这对于佛罗伦萨来说简直就是黑暗的征兆！

1482年，佛罗伦萨

皮耶罗，别担心……
你儿子也画鸟儿……

距离朱利亚诺被谋杀和帕
齐家族阴谋事件已经过去了三
年……他一言不发……他开始画
尸体，画被绞死的人……他只想
离开佛罗伦萨，安德烈！

安德烈，
他疯了！！

别这么说！！

监狱里的那段日
子让他的生活失
去了乐趣……

感谢上天，美第奇
家族竭尽全力让他
避免招致非议。

皮耶罗，忘了这件
事吧……列奥纳多
变得谨慎了。

我怎么能忘记呢？这是个艰
难的时代……佛罗伦萨正在
受到来自各方的威胁。

列奥纳多的名声也在摇摇欲坠……他有天
赋，但他再也没有完成一幅新的画作。

《圣哲罗姆》
没有完成。

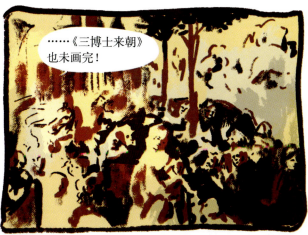

……《三博士来朝》
也未画完！

我去了圣多纳托修
道院，僧侣们都开
始不耐烦了！

如果他再不振作起
来，他的画家生涯
就要结束了！

列奥纳多，我
们得谈谈……

没什么可谈的了，
我去意已决……
我要去米兰。

……你没有履行这两份合同……可我是个正直的人，你同时毁了我们两个人的名声！！

我该怎么答复圣多纳托修道院的僧侣们呢？

父亲，你又在喋喋不休地说那些僧侣和对我毫无意义的《三博士来朝》，但是洛伦佐·德·美第奇应教皇西斯笃四世的要求，要派佛罗伦萨所有的艺术家去罗马。

这是你对我这个私生儿子寄予的唯一希望吗？

除了我，他们都去创造历史了！

除了我，他们都去罗马了！

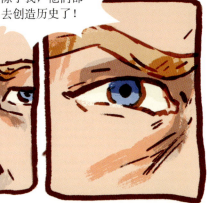

我决定了！父亲，我要去米兰书写我自己的故事！既不需要你，也不需要美第奇家族的帮助。

第三部分

斯福尔扎家族的雇员

喂，你还在吗？

1482 年，米兰，斯福尔扎城堡

达·芬奇，欢迎欢迎……在米兰，你可以为了你和斯福尔扎家族的荣耀自力更生了。

你的信令人印象深刻……你想用你的工程师才华为我的军队效劳？……同时你也是一位艺术家？

是的，斯福尔扎先生。我乐意为您效劳，并且有点迫不及待地想向您证明我自己。

很好，你的公寓已经准备好了。我也期待着在工作中见到你。

老师……
您在吗?

萨莱,
是你吗?

不,是我,
弗朗切斯科。

萨莱没跟你
在一起吗?

老师,你还
好吗?

没什么,弗朗切斯科……罗马似乎
变成了一座充满虚伪的监狱。美第奇家
族造就了我,也毁掉了我……萨莱这个
该死的家伙因为沉迷于赌博和酗酒,把
事情搞砸了……

今晚
先到这里吧,我们
明天再继续……

弗朗切斯科，第二本手稿你分完类了吗？

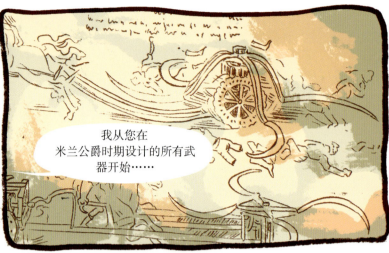

我从您在米兰公爵时期设计的所有武器开始……

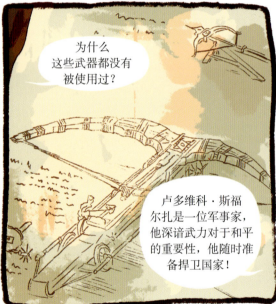

为什么这些武器都没有被使用过？

卢多维科·斯福尔扎是一位军事家，他深谙武力对于和平的重要性，他随时准备捍卫国家！

……你也会看到一套用于水下游泳和呼吸的潜水服……一件可以击沉整支威尼斯舰队的武器。

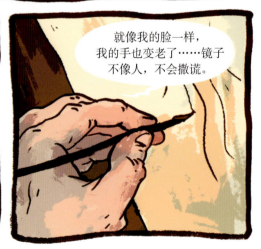

就像我的脸一样，我的手也变老了……镜子不像人，不会撒谎。

您还画了几百幅肖像画……如此写实，如此美丽……

美……

……美是无处不在的，即使在最丑陋的事物中，也会有美的发现。

弗朗切斯科，相信我，这世界上任何事物都是短暂的，只有美能永恒……

1497 年，米兰

列奥纳多，你不担心美第奇家族吗？法国人把他们赶出了佛罗伦萨。萨沃纳罗拉夺取了政权，焚烧了所有的艺术品。

卢克雷齐亚小姐，美第奇家族很强大，他们会重振旗鼓的。您有什么可担心的呢？

法国国王野心勃勃。

卢多维科成功与查理八世达成了一项和平条约，但和平如同青春一样，不过是过眼云烟。

……人是变化无常的，可怜的塞西莉亚，并不是她要跟我唱反调。卢多维科答应了贝亚特丽切要将她驱逐出境，总有一天也会轮到我……

卢克雷齐亚，卢多维科对您有情有义，今天正是他委托我给您画像……

我还有一个多年来一直珍藏的桃木画板……请坐。

列奥纳多，圣玛丽亚感恩教堂的僧侣告诉我，你画的壁画初具雏形了。

卢多维科，我本希望能和您父亲的骑马雕像一起完成。

你需要的一百吨铜，被我用来铸造急需的大炮了。

它本会为斯福尔扎家族增光……

我向你保证，一旦恢复和平，你现在的泥塑作品会派上用场的。

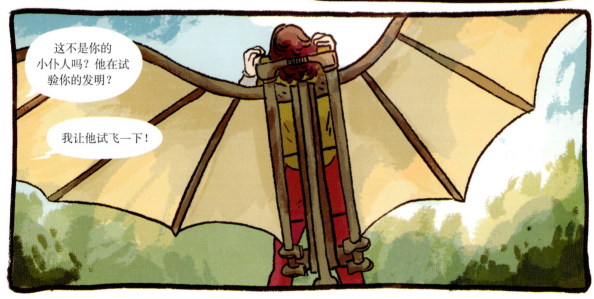

这不是你的小仆人吗？他在试验你的发明？

我让他试飞一下！

贝亚特丽切，今天列奥纳多在圣玛丽亚感恩教堂餐厅的壁画要与公众见面了。

你想和我一起去，还是想先休息一下？

自从人们开始谈论《最后的晚餐》就一直对它赞誉有加……

卢多维科，你知道列奥纳多的母亲刚刚去世吗？

我说的是他的亲生母亲卡特琳娜，他父亲来接他之前，都是母亲在照顾他、抚养他。

没有什么比得上孩子与母亲之间的关系……

列奥纳多，《最后的晚餐》非常成功！

……卢克雷齐亚，我想卢多维科对您的画像也很满意！

我们谈谈塔罗牌吧……我跟你说过吗，桑德罗已经开始指导我了。

列奥纳多，今天的牌，有太多想对我说的，我从中看到了深重的苦难。

……您仍然懂得如何享受生活。

命运之轮在转动，您充满了创造力，但是……

LAMORTE

IL DIAVOLO

LARVOTADELLAFORTVN

这是……我……

卢克雷齐亚，怎么了？

哦，天啊！！！

列奥纳多，这些怪诞画有些暴力……

是生活暴力。

我看到了战争深刻地影响了你的善良。

我不信任任何人，没有信任就不会失望。

列奥纳多，拜托……

这是一种智慧。

波吉亚家族的战争已使你精疲力竭！

桑德罗，是债务使我疲惫！马基雅维利以为，我会让切萨雷·波吉亚成为新的亚历山大大帝。但是，他错了。

我听说尼科洛在佛罗伦萨履新，他想给你派个任务。这样会使你的经济状况好转……

列奥纳多，真开心，你
终于回到佛罗伦萨了！

要在这动荡的年代生活下
去，没有什么比和尼科洛·马基
雅维利成为朋友更好的了。你的
名字创造了奇迹，自从你回来，
佛罗伦萨甚至也变得更好了。

我的朋友，让我们弥补失去
的时间吧……佛罗伦萨的领主宫
值得用你的作品来装饰。议会大厅
有一面墙可供你施展。我们希望你
能展现安吉亚里战役，就是佛罗伦
萨获得独立的那场战役。

自从米开朗基罗受命在北墙上作画以来，他就每天装模作样……幸好，他是晚上作画！

他生我的气，是因为在安装他的大卫雕像时，有人征求了我的意见。然后……

萨莱，你去哪了？我们还有工作！

我……我没找到你要的颜料，老师……

还不如说你和米开朗基罗在一起，我告诉过你，不能跟他在一起！

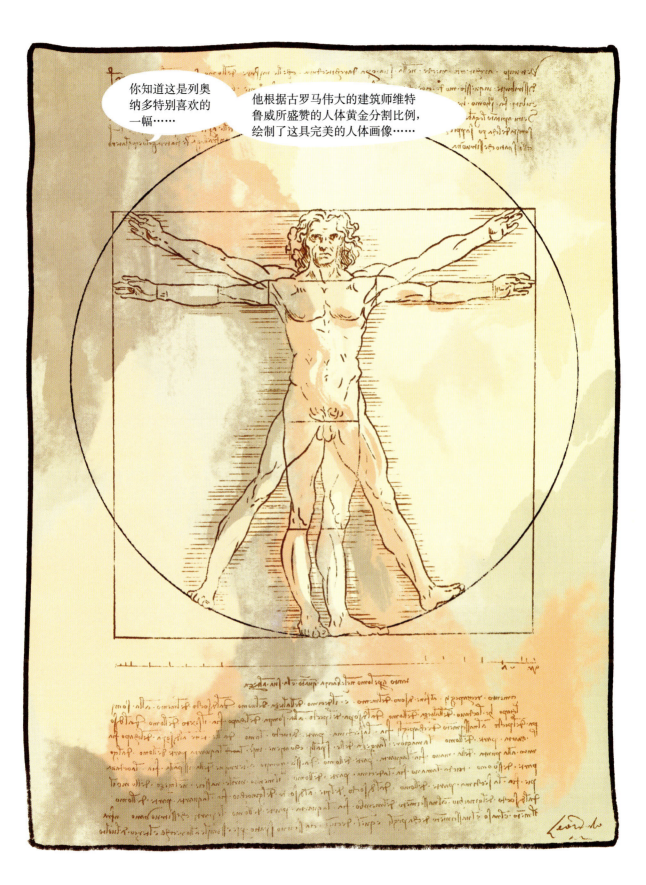

……这是他为卢卡·帕乔利的《圣神比例》一书所绘制的插图……

列奥纳多甚至复制了迪·乔治的维特鲁威人手稿……但是他的描绘要复杂得多。

你看，一个男人被嵌入到一个正方形中……对角线的中心是他的下阴……动物本能的来源……

……他渴望向高处伸展……圆圈似乎在他周围颤动，仿佛在呼唤他的灵魂……圆形的中心是他的肚脐。思想和灵魂使他得以重生。

列奥纳多创造了历史。他是不朽的，而我们呢……我们只是他的傀儡……

他去哪儿了？我好几天没看见他了……

他在博洛尼亚，和教皇还有法国新国王——那位刚刚在马里尼亚诺击败米兰人的国王在一起。

列奥纳多，你太高了……就算你向我行鞠躬礼的时候，也比我高。

是上天造就了我。

陛下，我想你一路带我到博洛尼亚，不是为了谈论我的身高吧。

你与瓦伦蒂诺人切萨雷·波吉亚是密友，他是法国人的朋友，也是那位骄奢淫逸的前任教皇的儿子。

你将会与这位只有21岁的年轻国王会面，他打败了你的米兰旧友们，也打败了瑞士雇佣军。

列奥纳多……你将成为新旧世界之间的纽带。他与你身高相仿……你们可以进行巨人之间的对话！

要知道他会拒绝你向他行鞠躬礼的……因为他是一个有远见卓识的人。比起我来，他更能帮到你。然后，你便可以与罗马和佛罗伦萨永别了……

1516 年，罗马

列奥纳多，醒醒，你又睡着了！

萨莱，怎么了？

来吧……起来……你之前让我继续焦孔多夫人的画。

我想知道你是否最终会完成这幅画……

老师……
这是所有的手稿。只剩下几
个需要归档的了……

当我们见到
法国国王以后，你再
理吧，我们要走了，
弗朗切斯科。

萨莱呢？

弗朗切斯科，
萨莱去哪儿了？

他带着所有
的金币去米
兰了……

他走了？

萨莱……

这个可恶的
小恶魔！

第四部分

为法国国王效劳

1518 年，克卢城堡

VIIII

L'EREMITA

XXI

IL MONDO

VII

IL CARRO

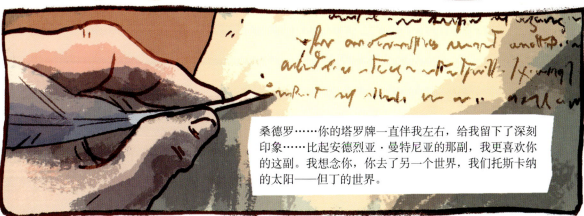

桑德罗……你的塔罗牌一直伴我左右，给我留下了深刻印象……比起安德烈亚·曼特尼亚的那副，我更喜欢你的这副。我想念你，你去了另一个世界，我们托斯卡纳的太阳——但丁的世界。

列奥纳多，父亲①，你起床了吗？我可以进来吗？

是的……当然，我的陛下，这扇门是为你设计的。

外面是盛大的派对，而你却一个人在这里。

你用托斯卡纳语写作……就像我用法语一样……我从不支持拉丁语。但是，能否告诉我为什么要用镜像书写法？

弗朗切斯科认为这样能规避审查……教皇利奥认为，这只是玩了个小把戏，为了给世界留下一个深刻的印象……而马基雅维利怀疑我是间谍。

真相很简单，以上原因皆有吧。即使我的手不再像往常一样有力，我依然可以写得更快，而不会弄脏纸。陛下，我是左撇子……

①弗朗索瓦一世称呼达·芬奇为"父亲"。——译者注

永恒使事物变得高贵，大自然赋予我们实体的结构，但推动我们前进的是灵魂，它是永恒的。没有人会彻底毁灭。而我呢……

达·芬奇名言

"一个优秀的画家应当描绘两件主要的东西，即人和他的思想意图。"

"一个人要为自己四十岁以后的长相负责。"

"没有什么比岁月更短暂。"

"在自然界，万事皆有因果关系，如果了解了其因果规律，经验就不再那么重要。"

"缺乏远见会令人痛苦。"

"绘画科学的神圣性质，使画家的心灵升华到神灵的境界。"

"没有什么比我们的判断力更具欺骗性了。"

"要学会倾听，这样不仅拥有自己的大脑，还会拥有别人的大脑。"

"艺术家若孤独终老，他便是自己的国王、神父和上帝。"

"一切知识都源于我们的敏感。"

"威胁只对被威胁者才有用。"

"谁不尊重生命，谁就不配拥有生命。"

"细节成就完美，但完美不仅仅包含细节。"

"经验表明，信任产生失望。"

"一日充实，可以安睡；一生充实，可以无悔。"

"永恒使事物高贵。"

"趁年轻少壮去探求知识吧，它将弥补由于年老而带来的遗憾。"

"善行义举在忘恩负义面前不堪一击。"

"让您的画作永远流传。"

"他们想升上天空，但傲慢使他们变得沉重，将他们拖在地面上。他们的追捕、折磨和破坏让陆地、地下和水中没有任何东西可以生存……"